Carl-Auer-Systeme

W0053401

„Bitte nicht helfen! Es ist auch so schon schwer genug."

Jürgen Hargens

(K)ein Selbsthilfebuch

3. Auflage 2003

Carl-Auer-Systeme im Internet: **www.carl-auer.de**
Bitte fordern Sie unser Gesamtverzeichnis an:

Carl-Auer-Systeme Verlag
Weberstr. 2
69120 Heidelberg

Über alle Rechte der deutschen Ausgabe verfügt Carl-Auer-Systeme
Fotomechanische Wiedergabe nur mit Genehmigung des Verlages
Satz: Paul Richardson
Umschlaggestaltung: WSP Design, Heidelberg
Skulptur: Matthias A. Känel, 1997
Kontakt: Murtenstr. 38, CH-3282 Bargen
Printed in the Netherlands
Druck und Bindung: Koninklijke Wöhrmann, Zutphen

Dritte Auflage, 2003
ISBN 3-89670-142-8

Bibliografische Information Der Deutschen Bibliothek
Die Deutsche Bibliothek verzeichnet diese Publikation
in der Deutschen Nationalbibliografie; detaillierte bibliografische
Daten sind im Internet über http://dnb.ddb.de abrufbar.

Warum dieses Buch?

Im Laufe meiner therapeutischen Tätigkeit bin ich immer stärker davon überzeugt (worden), dass wir das, was uns hilft, bereits in bzw. bei uns haben. Es fällt uns allerdings nicht immer leicht, dies auch genau dann zu erkennen und zu nutzen, wenn wir es (dringend) brauchen.

Viele Selbsthilfebücher zeigen Möglichkeiten auf, wie dies gehen kann, nur – so meine Erfahrung aus vielen Gesprächen – die Betroffenen, die diese Bücher lesen, um sich selber zu helfen, fühlen sich hinterher oft immer noch schlecht, ja manchmal geht es ihnen sogar noch schlechter als vor dem Lesen des Selbsthilfebuches. Das hat in meinen Augen einen möglicherweise ganz einfachen Grund:

Alles, was im Buch steht, scheint so *einfach*, logisch und überaus machbar – nur der/die LeserIn, der/die dieses Wissen für sich nutzen will, schafft es *einfach* nicht, dies auch auf sich selber anzuwenden, wo doch alles so *einfach* klingt. Die Folge: Versagen, wieder nicht geschafft, Selbstvorwürfe. Meist fühlen Sie sich dann noch schlechter als vorher: Nicht einmal diese ganz einfachen Sachen funktionieren bei Ihnen!

Aus Erfahrung weiß jeder, dass das auch so sein muss, denn was für den einen gut ist und passt, muss für den anderen überhaupt nicht stimmig sein. Dazu eine kleine Geschichte:

In der sechsten oder siebten Klasse hatte ich einen Mitschüler, der von allen gehänselt und nicht ernst genommen wurde. Er selber war unsportlich, etwas dicklich, ungeschickt, nicht besonders gut in seinen Leistungen und darüber hinaus noch Fahr-Schüler. Als Hausaufgabe sollten wir einen kurzen Aufsatz schreiben über unseren morgendlichen Schulweg – vom Wecken bzw. Aufwachen bis zum Eintreffen in der Schule, und, ganz klar, der besagte Schüler sollte seinen Aufsatz vorlesen. Er begann mit den Worten: „Nachdem mich meine Mutter geweckt hat und ich mich mit lauwarmem Wasser gewaschen habe, esse ich Frühstück." Der Lehrer unterbrach mit einem lautstarken „Was hast du gesagt? Lies noch einmal vor!", und der Schüler wiederholte: „Nachdem mich meine Mutter geweckt hat und ich mich mit lauwarmem Wasser gewaschen …" Hier donnerte das Halt! des Lehrers: „Womit wäschst du dich? Mit lauwarmem Wasser?!" Die ganze Klasse lachte – beinahe richtig schadenfroh. „Ab morgen", so der Lehrer, „wäschst du dich mit kaltem Wasser!" Und die Klasse lachte.

Innerhalb von zwei Wochen war dieser Schüler Klassenprimus, die unangefochtene Nummer eins in allen Fächern, von keinem Mitschüler mehr belächelt oder gehänselt …

Erklärung? Ich habe keine. Ich weiß nur, dass diese Ereignisse – Aufsatz vorlesen, Ermahnung des Lehrers und Leistungsverbesserung – in kurzem zeitlichen Abstand folgten. Aber ob sie auch ursächlich zusammenhingen? Ob das eine das andere nach sich zog? Ich weiß es nicht. Und gilt dies für jeden Fall – eine klare Ermahnung bzw. Anordnung oder morgendliches Waschen mit kaltem Wasser …?

Dasselbe gilt in meinen Augen auch für die vielen guten und gut gemeinten Ratschläge – sie haben dem einen oder der anderen geholfen, aber was genau geholfen hat … wer weiß? Und sobald ich einen gut funktionierenden Rat verallgemeinere, heißt das eben nicht, dass der auch bei mir wirkt. Wir alle kennen den Spruch „vom Tellerwäscher zum Millionär" – einer mag es ja geschafft haben, aber was ist mit den vielen anderen …?

Darum soll es in diesem Buch gehen: keine Patentrezepte nennen, keine wirklich funktionierenden Ratschläge erteilen, sondern ganz einfach dies: das, was Ihnen geschieht und geschehen ist, auch einmal aus einer anderen Perspektive zu sehen versuchen, *anders* zu blicken – *vielleicht* entdecken Sie dann etwas anderes, etwas, das Ihnen *vielleicht* nützlich sein kann.

Wenn Sie direkt vor einem Baum stehen, ist es ziemlich dunkel, ziemlich unscharf konturiert, es zeigt sich kein Weg am Hindernis vorbei. Gehen Sie einen Schritt zurück, sehen Sie etwas anderes – einen Baum, viele Bäume,

> vielleicht sogar einen Weg zwischen den Bäumen. Gehen Sie noch drei Schritte zurück, erklimmen Sie einen Baum, dann sehen Sie noch etwas ganz anderes – vielleicht den Wald, den Waldesrand, Ackerland, ein Haus …

Das heißt nicht, dass der eine Blick *besser* ist als der andere – ganz im Gegenteil: *Jeder Blick ist anders*, nicht besser oder schlechter, richtig oder falsch, sondern ganz *einfach anders*. Und wenn Sie etwas anderes sehen und erkennen, dann *erhöhen sich Ihre Möglichkeiten, sich zu entscheiden, etwas anderes zu tun* – was, das hängt natürlich von Ihnen ab und von dem, was Sie wollen – wenn Sie wollen.

Darum geht es mir in diesem kleinen Buch – Ihnen vielleicht ein wenig behilflich dabei zu sein, andere Perspektiven einzunehmen, Ihnen ein wenig von anderen Erfahrungen zu erzählen, so dass Sie schauen können, ob etwas für Sie dabei ist oder nicht. Und wenn etwas dabei sein sollte, sich zu fragen, wie kann ich es für mich nutzen – vorausgesetzt, Sie wollen das auch. Und wenn nichts für Sie dabei ist, dann hoffe ich, dass Sie zumindest eine unterhaltsame Lektüre hatten, eine Lektüre, die Ihnen zumindest eine Zeit lang Freude gemacht und Spaß bereitet hat.

Es geht nicht darum, eine rosarote Brille aufzusetzen und sich selbst damit zu belügen, dass das Leben schön ist. Das Leben ist *nicht immer* schön – und manche Begrenzungen lassen sich nicht schönreden und liegen auch nicht in Ihrer alleinigen Verantwortung. Was Sie – vielleicht – tun können, ist, ein wenig dazu beizutragen, dass es Ihnen auch *manchmal* gut geht, dass Sie für sich Möglichkeiten sehen, dass Sie für sich Ihre Ziele erkennen und kleine Schritte gehen können.

Auch wenn der Volksmund sagt: „Jeder ist seines Glückes Schmied", so ist doch nicht jeder von uns ein Schmied – und wie findet man ein bisschen von seinem Glück, wenn man kein Schmied ist?

Von einem amerikanischen Kollegen stammt der Satz „Wenn du etwas ändern willst, musst du etwas ändern" – und das ist schon schwer genug:

- zu erkennen, *dass* ich etwas ändern will;
- zu erkennen, *was* ich ändern will;
- zu erkennen, *wie* ich etwas ändern kann;
- zu erkennen, *wann* ich mit der Änderung anfange;
- zu erkennen, *wie* ich mich für die Änderung lobe
- und – last, but not least – zu erkennen, *dass* ich es bin, der etwas tut.

In seinem Buch *Anleitung zum Unglücklichsein* hat Paul Watzlawick überzeugend und humorvoll herausgearbeitet, dass die Idee des ständigen Glücks uns immer wieder und andauernd auf unser laufendes Unglück orientiert: Wir erkennen ständig die Abweichungen von dem großen Glück, das wir – eigentlich – verdient haben. Das sind wir so sehr gewohnt, dass es uns beinahe gar nicht mehr auffällt. In der Fachwelt hat sich dafür der Begriff der *Problemtrance* eingebürgert:

Denken Sie an ein kleines Alltagsproblem, das Sie hin und wieder nervt. Reden Sie mit einem Fachmann darüber – ich würde nicht empfehlen, mit einem Freund oder einer Freundin so darüber zu reden –, und schauen Sie, wie groß Ihr Problem nach einer Stunde geworden ist! Probleme verführen dazu, größer zu werden, wenn wir länger und ausschließlich über sie reden – und das haben wir alle sehr gut trainiert!

Ein anderer amerikanischer Kollege, John Weakland, hat das etwa so beschrieben: Wenn Sie ein Problem haben, so ist das Leben eben genau dieses eine Problem, immer und immer wieder. Haben Sie dieses Problem endlich gelöst, dann ist das Leben eines dieser kleinen beschissenen Probleme nach dem anderen! Also: Probleme gehören zum Leben – die Frage ist: Was machen Sie damit?

Ein neuerer therapeutischer Ansatz geht sogar noch einen Schritt weiter. Es heißt dort, es gäbe nur deshalb Probleme, weil Sie, der oder die Sie dieses Problem haben, auch die *Idee einer Lösung* haben, d. h. eine Idee, dass und wie es anders sein *könnte*. Ohne eine solche Idee wäre es nach dieser Auffassung nämlich kein Problem, es wären widrige Lebensumstände, Schicksal, was auch immer.

Sie können nur dann unglücklich sein, wenn Sie Ihren Zustand mit einem Zustand vergleichen, wo es Ihnen besser geht – aber das würde bedeuten, Sie hätten eine Idee, wie es aussähe, wenn es Ihnen besser ginge. Mit anderen Worten: Sie hätten eine *Idee Ihrer Lösung*.

Unsere Tradition hat uns in solchen Situationen gelehrt, die Abweichung vom erwünschten Ziel zu betrachten: Wir stellen immer wieder fest, was wir nicht können, wie groß der Abstand vom Ziel ist, was uns noch alles fehlt etc. Was, so fragt dieser Ansatz, würde passieren, wenn Sie einmal auf Ihre *kleinen* Erfolge schauen würden? Welche kleinen Annäherungen an Ihr Ziel haben Sie schon erreicht? Zumindest hin und wieder? Und wie haben Sie das geschafft?

Ich denke, das *könnte* ein hilfreicher Ansatz sein – und eine *andere* Perspektive, und darum geht es mir in diesem kleinen Buch. Um nicht mehr – aber auch um nicht weniger.

Kapitel 1
Schauen – aber worauf?

Wozu brauche ich ein Selbsthilfebuch? Wozu brauchen Sie eines?

Nun ja, wenn Sie ein solches Buch zur Hand nehmen, dann haben Sie, denke ich, schon eine erste grundlegende und wesentliche Einsicht verinnerlicht, auch wenn Sie nicht gleich daran glauben oder sie Ihnen bewusst ist: Wenn ich etwas ändern will, muss ich etwas ändern.

Das klingt klar und einsichtig. Ich möchte es mit einer anderen Betonung vorstellen: Wenn ich etwas ändern will, muss *ich* etwas ändern. Und genau das könnte ein Teil meiner Schwierigkeit sein – ich schaue nämlich zumeist zunächst auf das, was *nicht* so ist, wie ich es gerne hätte. Und je mehr und je länger ich darauf schaue, desto größer wird es in aller Regel. Ich erkenne, wie weit ich von meinem Ziel entfernt bin, was schief läuft, was ich alles noch nicht geschafft habe, was die anderen viel besser können und ich nicht …

Der neue Ansatz, von dem ich in der Einleitung sprach, hat genau in diesem Zusammenhang einige Grundregeln aufgestellt, die ich als hilfreich erlebe – wie gesagt, *ich* habe sie als hilfreich erlebt, und das heißt nicht, dass sie auch für Sie hilfreich sind oder hilfreich sein müssen. Jeder Mensch ist einzigartig, und keine Regel passt für alle. Also keine Sorge, wenn es nichts für Sie ist – genau dann ist nämlich ein dickes Kompliment fällig: Sie haben gemerkt, was Ihnen nicht gut tut, und das ist schon der erste kleine Schritt. Aber um das herauszufinden, müssen Sie natürlich eine Idee haben, wovon ich rede. Deshalb möchte ich Ihnen diese Grundregeln, die ich spaßeshalber manchmal als *goldene Regeln* bezeichne, kurz vorstellen:

Regel Nr. 1

Wenn es nicht kaputt ist, dann repariere es auch nicht.

Das hört sich ganz einfach an, erweist sich im Alltag allerdings dann als eine besondere Herausforderung, wenn ich mein Leben als problematisch, problemgeladen, unglücklich oder nicht zum Aushalten betrachte. Dann gibt es offenbar überhaupt nichts, was hilft …

Wie kommt es, dass ich mir in solchen Situationen Gedanken mache? Dass ich besorgt bin? Dass ich so tief betroffen bin? Dass ich herausgefunden habe, dass nichts hilft?

Das wenigste, was ich machen kann, ist, dass ich starke Gefühle zeige. Und dass ich mir darüber den Kopf zerbreche, leide. Und das kann ich doch nur, so lange es mich interessiert. Ich denke, mich um mich sorgen, ist immer *auch* Ausdruck, dass ich mir nicht egal bin. Aber was soll denn noch funktionieren?

Hilfreich könnte es jetzt sein, sich Papier und Bleistift zu holen und eine Skala zu zeichnen. Keine Angst, es kommt keine höhere Mathematik, nur der Versuch, das Leben aus unterschiedlichen Perspektiven zu betrachten. Eine solche Skala sieht etwa so aus:

1   2   3   4   5   6   7   8   9   10

Legen Sie den Zettel mit dieser Skala vor sich auf den Tisch und fragen Sie sich:

> Wenn 1 bedeutet, mein Leben ist ein einziges Chaos, furchtbar, schlimmer könnte es nicht sein, und 10 bedeutet, mein Leben ist großartig, toll, besser könnte es nicht sein – wo auf dieser Skala befinden Sie sich im Augenblick?

Dann kreuzen Sie genau diese Stelle auf der Skala an.

Fragen Sie sich, wieso Sie das Kreuz an genau dieser Stelle gemacht haben – und nicht bei einem kleineren Wert. Das kann doch nur bedeuten, dass es irgendetwas zu geben scheint, was dazu geführt hat, dass Sie sich nicht den schlechtesten Wert – die Eins – gegeben haben. Was ist das? Was vermuten Sie? Wann, wie und woran merken Sie das?

Ja, aber … wenn ich mir den schlechtesten Wert gebe, die Eins, was dann? Ja, dann würde ich Sie fragen, wie Sie es bis heute geschafft haben, Ihr Leben zu leben – denn noch haben Sie nicht aufgegeben … ganz im Gegenteil: Sie lesen sogar ein Selbsthilfebuch! Sie wollen sich helfen – und das geht doch nur, weil Sie die Idee haben, dass das *möglich sein könnte* …

Diese kleine Übung sollte nur dazu dienen, Ihnen einen Eindruck zu vermitteln, wie Sie *vielleicht* auf Dinge stoßen können, die in Ihrem Leben immer noch oder manchmal funktionieren – das sind die Dinge, die Sie vielleicht wertschätzen können, was allerdings nur dann möglich ist, wenn Sie diese Dinge auch erkennen.

Vielleicht hilft auch eine etwas andere Frage:

> Was geschieht in Ihrem Leben, auf das Sie stolz und mit Bewunderung schauen? Von dem Sie möchten, dass es auch weiterhin geschieht? Von dem Sie sich vielleicht sogar wünschen, dass andere es erkennen?

Sie merken schon, wozu ich Sie einladen möchte – ich möchte *nicht*, dass Sie sich eine rosarote Brille aufsetzen und sich einzureden versuchen, dass das Leben schön sei. Ich glaube nicht, dass Sie sich da selbst betrügen können, wenn es Ihnen schlecht geht.

Ich möchte Sie einfach einladen, auch einmal – egal wie kurz – darauf zu schauen, was es *neben* Ihrem ganzen Leid und Kummer *noch* geben *könnte*, was Sie als Person ausmacht. Eines haben Sie nämlich mit Sicherheit schon bewiesen, auch wenn Sie es gar nicht glauben mögen: Sie leben noch, Sie probieren noch, was Ihr Leben lebenswerter machen könnte. Und allein diese Anstrengung – und das ist harte Arbeit – verdient Anerkennung. Mein Kompliment!

Gehen wir einen Schritt weiter und schauen uns die nächste Regel an:

Regel Nr. 2

Wenn du weißt, was funktioniert, mach mehr davon.

Natürlich, das haben Sie schon bemerkt – diese Regel kann nur dann Sinn haben, wenn es in Ihrem Leben überhaupt etwas gibt, was funktioniert, was Ihnen gut tut.

Wenn Sie an Ihren Alltag denken, wann geht es Ihnen da ein bisschen besser? Ein bisschen? Und was tun Sie dann anderes?

Das wären erste Hinweise auf Dinge, die funktionieren.

Gefällt es Ihnen, Bücher zu lesen? Sie lesen gerade eins – mit Hoffnung? Wunderbar! Wie haben Sie sich die erhalten?

Die Idee erscheint so einfach, dass sie unserem gewohnten Denkmuster eher zuwider läuft: Wir können ein Problem erst dann lösen, wenn wir die Ursache kennen und sie beseitigen, reparieren. Gut, zugegeben, das funktioniert auch – aber immer? Und bei Ihnen? Ich bin sicher, Sie haben schon alles Mögliche versucht, Ihr Problem zu erforschen, seine Ursachen zu erkunden und zu beseitigen. Hat es geholfen? Ja? Dann ist das die für Sie passende Methode. Oder hat es nicht geholfen? Dann wäre es vielleicht erwägenswert, eine andere Methode auszuprobieren.

Jetzt könnte ich Ihnen wieder eine Frage stellen, z. B., wieviel Prozent des Tages Ihr Problem so im Vordergrund steht, dass es Sie total in Beschlag nimmt. Ich wette, keine hundert Prozent, denn dann könnten Sie dieses Buch nicht lesen, würden keine Nacht ein Auge zukriegen, würden kaum zum Essen oder Arbeiten kommen, würden jede Hoffnung fahren lassen … Wie kommen diese Unterschiede zustande? Wie machen Sie das?

Oder gibt es gar Zeiten, wo es Ihnen gut geht? Und was tun Sie dann?

Sie können, wenn Sie wollen, einige Ihrer Mitmenschen fragen – Verwandte, Freunde, Freundinnen, Kollegen, Kolleginnen, Nachbarn, Nachbarinnen – wen auch immer, was die an Ihnen schätzen und würdigen. Ich weiß, es ist nicht einfach, danach zu fragen. Nun ja, dann machen Sie es einfach anders herum – fragen Sie sich selber, was Ihnen Ihre Mitmenschen wohl antworten würden, wenn Sie sie fragen würden, was sie an Ihnen schätzen und würdigen.

Sagen Sie nicht: „Nichts!" Ich habe noch keinen Menschen getroffen, egal, was er oder sie auch macht, an dem nicht auch irgendetwas Schätzenswertes zu erkennen ist. Wenn Sie denken, bei Ihnen findet sich absolut überhaupt nichts, dann sind Sie schon allein deswegen in meinen Augen etwas Besonderes – so einen Menschen habe ich noch nie kennengelernt, und das macht mich richtig neugierig auf Sie.

Eines möchte ich an dieser Stelle nicht vergessen zu erwähnen:

Es geht Ihnen schlecht, und Sie haben dieses Buch zur Hand genommen. Das heißt dann doch, irgendwo sitzt noch ein Fünkchen Hoffnung, dass sich etwas ändern könnte. Und irgendwo, da bin ich sicher, haben Sie eine Vorstellung davon, wie es sein müsste, sollte … wie es wäre, wenn es Ihnen besser ginge.

Ich möchte Sie einladen, den letzten Absatz noch einmal langsam und sorgsam zu lesen.

Fertig? Gut. Wenn Sie eine Vorstellung davon haben, dann möchte ich Sie bitten, sich wiederum Papier und Bleistift zur Hand zu nehmen und sich wieder eine Skala zu zeichnen:

1   2   3   4   5   6   7   8   9   10

Legen Sie den Zettel mit dieser Skala vor sich auf den Tisch und fragen Sie sich:

Wenn 1 bedeutet, meine Vorstellung, wie es wäre, wenn es mir besser ginge, ist völlig irreal, utopisch und phantastisch, und 10 bedeutet, meine Vorstellung, wie es wäre, wenn es mir besser ginge, ist ganz real, möglich, realistisch – wo auf dieser Skala befinden Sie sich im Augenblick?

Dann kreuzen Sie genau diese Stelle auf der Skala an.

Es geht, denke ich, darum, dass Ihr Leben, auch wenn es Ihnen besser geht, nicht frei von Problemen und Schwierigkeiten sein dürfte – es geht, denke ich, darum, dass Sie sich selber gegenüber so ehrlich sein können, ein Bild von Ihrer Zukunft zu entwerfen, das *realistischerweise erreichbar* ist und Ihnen zumindest ein bisschen wünschenswert*er*, *besser* oder angenehm*er* erscheint als das bisherige. Denn wenn die Zukunft nichts für Sie bringt, was ein wenig *besser*, angenehm*er*, wünschenswert*er* ist – warum sollten Sie sich dann anstrengen, etwas zu ändern? Denn das würde doch nichts ändern.

Sie sehen, ich möchte Sie einladen, Ihre Gegenwart und Ihre Zukunft daraufhin anzuschauen, was sie enthalten, das Ihnen gut tut. Manchmal. Ein wenig. Und vor allem auch, darauf zu schauen, ob das, was Sie sich wünschen, was Sie erreichen möchten, für Sie im Bereich des Möglichen liegt, denn sonst handeln Sie sich mit Sicherheit nur eine weitere Enttäuschung ein und fühlen sich in Ihrem Glauben bestärkt, dass Ihnen nichts und niemand helfen kann.

Warum denke ich, könnte diese Regel wichtig sein? – Nun, einfach deshalb, weil wir in unseren Problemen oft so verfangen sind, dass wir nur auf das schauen, was nicht funktioniert und uns so immer wieder bestätigen, dass nichts funktioniert. Und wenn tatsächlich nichts mehr funktioniert, dann gibt es immer noch die dritte Regel:

Regel Nr. 3

Wenn etwas nicht funktioniert,
hör auf damit.
Mach etwas ander(e)s.

Sie haben doch wirklich schon alles ausprobiert, nichts hat genutzt, nichts nutzt – also könnten Sie vielleicht auch ebenso gut aufhören, sich weiter zu bemühen, denn es funktioniert nicht, das haben Sie bisher immer und immer wieder erfahren. Hören Sie *nicht ganz* auf: Machen Sie *etwas ganz ander(e)s*. Und das meine ich auch so: *ganz ander(e)s*. Es muß überhaupt nicht mit dem, was los ist, in Zusammenhang stehen, es sollte nur ganz anders sein.

Es geht Ihnen schlecht, Sie grübeln, das Leben erscheint Ihnen grausam, es ist niemand da, der sich um Sie sorgt oder an Ihnen interessiert ist – was machen Sie üblicherweise? Ich weiß es nicht, aber Sie wissen es. Und jetzt sollten Sie einmal etwas ganz anderes machen, ausprobieren, etwas, was mit Ihrem Befinden nichts zu tun hat.

Sie kennen sicher einige Geschichten von großen Geistern und Wissenschaftlern, die über Problemen brüteten und einer Lösung keinen Schritt näher kamen – plötzlich, an einem ganz anderen Ort, bei einer ganz anderen Beschäftigung, da kam ihnen der helfende Gedanke.

Sie müssen eine Aufgabe erledigen, etwas lernen, Sie sitzen vor dem Buch und haben das Gefühl, nichts geht in Ihren Kopf, Sie behalten nichts, Sie werden es nie lernen. Statt *mehr* zu lernen, machen Sie etwas ganz anderes – wollten Sie nicht immer gerne ein Eis essen oder einen Mittagsschlaf halten oder Musik hören?

Wenn etwas nicht klappt, so hat „man" uns gelehrt, müssen wir *mehr* tun: mehr üben, mehr üben, mehr üben. Und wenn es dann immer noch nicht funktioniert? Wir sind gewohnt zu glauben, wir hätten einfach nicht genug getan – glauben Sie das selber? Ja? Dann sollten Sie mehr üben. Glauben Sie das nicht – dann wäre vielleicht jetzt ein günstiger Zeitpunkt, etwas ganz anderes zu tun.

Ihr Sohn hat wieder einmal sein Zimmer nicht aufgeräumt, vergessen, den Müll rauszutragen und statt seiner Schulaufgaben nur Musik gehört und mit Freunden rumgehangen. Und Sie merken schon, wie Sie ihm wieder eine Gardinenpredigt halten wollen. Die wievielte? Hat es genutzt? Ja? Dann ist eine weitere Gardinenpredigt fällig. Nein? Dann wäre vielleicht jetzt ein günstiger Zeitpunkt, etwas ganz anderes zu machen – Sie könnten Ihren Sohn bitten, für Sie beide ein

Eis zu kaufen, Sie könnten ihm sagen, dass Sie heute „Ruhetag" haben und sich nicht aufregen und dass es auch ihm nicht gelingen werde, Sie aufzuregen … Es sollte ganz einfach *anders* sein.

Im Sport gibt es den Satz *never change a winning team*, den ich so übersetzen würde: Solange Ihre Strategien erfolgreich sind, solange sollten Sie diese auch nie ändern. Wenn Sie alles probiert haben, nichts gewirkt hat, dann wäre das möglicherweise der Zeitpunkt, einmal zu überlegen … vielleicht … etwas ganz anderes zu machen … vielleicht … Sie wären dann dabei, Ihr eigenes (Verhaltens-)Muster zu unterbrechen … Glückwunsch!

Kapitel 2
Ich kann nicht mehr –
und alle sind gegen mich!

Wer kennt es nicht – geht es mir gut, läuft alles wie geschmiert. Geht es mir nicht gut, klappt (fast) nichts, jeder hat etwas (an mir) herumzumäkeln, und ich bin viel aufmerksamer und empfindsamer für Kritik – sei sie offen geäußert oder mehr oder weniger geschickt verpackt.

In solchen Situationen bemühen sich Freunde und Freundinnen dann oft, mich aufzumuntern. Das macht mich nur noch ärgerlicher, weil ich die Versuche nicht nur durchschaue, sondern selber weiß, dass es mir besser ginge, wenn es mir besser geht, dass ich aber genau das nicht schaffe. Und wenn sie mich dann noch animieren wollen, es mir besser gehen zu lassen, dann fühle ich mich noch schlechter, noch weniger verstanden und noch mehr allein.

Oft enden solche wohlmeinenden Aufmunterungen mit Kritik, Vorwürfen, Schuldzuweisungen, und mir geht es dann noch schlechter als vorher.

In der Praxis haben sich gerade in solchen Situationen, in denen ich mich ausweglos in die Ecke gedrängt, missverstanden, allein und handlungsunfähig fühle, einige Strategien als hilfreich erwiesen, die auf den ersten Blick unscheinbar scheinen und nicht als Gegenstrategie erkennbar sind. Nun ja – ich sollte der Ehrlichkeit halber hinzufügen, dass sich diese Strategien bei *einigen* Menschen als hilfreich erwiesen haben, *andere* haben darüber geschmunzelt, und *wieder andere* fanden sie weder lustig noch hilfreich. Ich erzähle Ihnen einfach davon:

> In meine Praxis kommt eine Mutter, die Probleme mit sich selber hat; welche, das ist hier nicht so bedeutsam. Sie berichtet, dass ihre Nachbarinnen sich oft über ihre Tochter beschweren, und sie werfen ihr, der Mutter, vor, sie kümmere sich viel zu sehr um ihre Tochter, verwöhne sie, mache sie unselbstständig. Sie erkläre dann immer und immer wieder, dass das so gar nicht stimme, verweise darauf, was ihre Tochter alles selbstständig erledige – nur die Nachbarinnen würde sie nicht überzeugen, im Gegenteil: Die würden ihr dann sogar vorwerfen, sie sei viel zu verwöhnend. Wenn sie dann darüber spricht, wo und wie sie sich überhaupt nicht (verwöhnend) eingemischt habe, kontern die Nachbarinnen, dass sie sich zu wenig um ihre Tochter kümmere. Sie sei ganz verzweifelt darüber und zweifle, ob sie überhaupt eine gute Mutter sei.

Ein ähnliches Muster kennen vermutlich einige, wenn nicht die meisten von Ihnen: Es wird etwas von Ihnen und über Sie behauptet, was Ihrer Meinung nach so überhaupt nicht stimmt, und Sie bemühen sich, alles anzuführen, um Ihr Gegenüber davon zu überzeugen, dass dessen Ansicht über Sie keinesfalls zutrifft. Je mehr und nachhaltiger – und in Ihren Augen oft: überzeugender – Sie argumentieren, desto weniger scheinen Sie Ihr Gegenüber von Ihrer Ansicht überzeugen zu können. Es scheint ausweg- und hoffnungslos. Es ist einfach zum Verzweifeln!

Was nun? Was tun?

In solchen Situationen habe ich gute Erfahrungen mit der gerade genannten *goldenen Regel Nr. drei* gesammelt. Sie erinnern sich: *Wenn etwas nicht funktioniert, hör auf damit. Mach etwas ander(e)s.*

Sie scheinen in einem Gespräch gefangen, in dem Sie, je mehr Sie sich anstrengen, umso weniger Ihrem Ziel, Ihr Gegenüber zu überzeugen, näher zu kommen scheinen. Also könnte es – eingedenk der *Regel Nr. drei* – hilfreich sein, aufzuhören. Also aufzuhören, den anderen überzeugen zu wollen. Und etwas ander(e)s machen. Das soll funktionieren? Wenn Sie Lust haben, es selber einmal zu probieren, dann lernen Sie folgende zwei Worte auswendig: *Ja – und?*

Wenn Sie das nächste Mal in eine solche Situation geraten – und es *bemerken*, denn das ist die Voraussetzung –, dann atmen Sie tief durch und, anstatt sich zu verteidigen oder dagegen zu argumentieren oder Überzeugungsarbeit zu leisten, sagen Sie einfach: „Ja", machen eine kleine Pause und fügen dann in fragendem Ton hinzu: „Und?"

Das soll helfen?

Ich weiß es nicht. Was ich allerdings zu wissen glaube, ist, dass durch Ihren Beitrag sich das Gespräch grundlegend verändern *kann* – statt in einen eher aussichtslosen Kampf darüber zu geraten, wer wen überzeugen kann, stimmen Sie der *Sichtweise* Ihres Gegenübers zu und fragen dann nach *seinen vermuteten Konsequenzen*.

Damit verändern Sie das Gespräch dahingehend, dass Sie Ihr Gegenüber ermuntern, darüber zu sprechen, welche Folgen *aus dessen Sicht* Ihr Verhalten hat. Sie sprechen also nicht mehr darüber, was Sache ist – wer Recht hat –, sondern welche Folgen eine solche Sichtweise haben *kann*.

Noch einmal: Indem Sie dem anderen zunächst zustimmen, öffnen Sie eine weitere Tür – Sie streiten nicht mehr um das Rechthaben, sondern Sie sprechen über *mögliche* Folgen einer solchen Auffassung.

Um das Beispiel mit der Mutter wieder aufzugreifen: Es macht in meinen Augen einen Unterschied, ob Sie sich mit Ihrem Gegenüber darüber auseinandersetzen, ob Sie eine schlechte Mutter sind (oder nicht) oder ob Sie sich darüber auseinandersetzen, welche *Konsequenzen* diese Sichtweise für ein zukünftiges Miteinander haben kann.

Du bist einfach zu freundlich! Du verwöhnst deine Tochter viel zu sehr!
Ja … und?
Was – ja und? Das stimmt doch!

Ja … und?

Das ist doch nicht richtig! Das kannst du doch nicht! So wird aus deiner Tochter nie was!

Ah ja … und?

Was und? Interessiert dich überhaupt nicht, was aus deiner Tochter wird?

Doch, deshalb bemühe ich mich ja so sehr um sie. Und du meinst, ich sollte das ganz anders machen? Aber … das mache ich ja nicht. Und wenn du das so siehst, was dann?

Ja, was dann?

Ja, siehst du, ich bin einfach eine Mutter, die ihre Tochter verwöhnt, und nun …

Ja, ich weiß, man muss auch mal fünfe gerade sein lassen …

Ja … und … dann …

Naja, ich weiß auch nicht so genau.

So oder so ähnlich laufen dann viele Gespräche ab – ein wenig anders, und das könnte etwas sein, was ein bisschen hilft.

Die Idee, die dahinter steht, habe ich von einem bekannten Familientherapeuten übernommen, der auf einem Kongress sinngemäß folgende Geschichte erzählte:

Wir sind doch hier alles Familientherapeuten. Und wir wissen, dass Familientherapie für die Familie das Beste ist. Aber das weiß die Familie oft nicht und ist ganz anderer Meinung. Aber wir wissen das. Und nun? Ich kann jetzt natürlich versuchen, die Familie davon zu überzeugen, aber wozu und warum?

Wenn ich das nämlich tue, dann fange ich an, die Familie zu missionieren. Und was, wenn ich an Kannibalen gerate? Dann werde ich gefressen! Ich will leben! Deshalb habe ich aufgehört zu missionieren.

Das ist auch ein Aspekt, der in die Idee des *Ja ... und?* eingegangen ist – Sie hören auf zu missionieren, zu überzeugen. Sie leben einfach Ihre Überzeugung, Ihr Gegenüber lebt seine Überzeugung, und Sie sprechen darüber, welche Folgen solche unterschiedlichen *Sichtweisen* haben.

> Ein Versicherungsvertreter, der zur Beratung zu uns ins Haus kam, überzeugte uns mit allen möglichen Publikationen und Prüfungen von der Qualität seiner Firma. Aber er weigerte sich immer beharrlich, wenn wir einen Vertrag unterschreiben wollten: „Nein, Sie unterschreiben jetzt nicht! Ich habe Ihnen das alles erzählt, und Sie sollen lieber erst alles in Ruhe überlegen und prüfen und dann entscheiden." Er packte alle seine Sachen zusammen und ging – und wir haben dann später bei ihm unterschrieben, wie könnte es anders sein. Jemand, der nicht zwingt, nicht auffordert, nicht missioniert ... das muss doch ... genau ... da steckt doch etwas (Gutes) dahinter, denn sonst würde der doch nicht gehen ...
> Ihm gelang es immer, bei uns Prozesse anzustoßen, anzuregen, deren Charme wir uns nicht mehr entziehen konnten.

Eine weitere Geschichte, eine weitere Idee:
Oft führen solche Debatten darüber, wer Recht hat, dazu, dass ich mich wie erstarrt fühle, dass ich den Eindruck habe, weder reden noch handeln zu können. Ich stecke ganz einfach fest – wie das Wort sagt: feststecken, bewegungsunfähig, wie festgenagelt. Das einzige, was in sol-

chen Situationen meist noch funktioniert, ist der Kopf – Gedanken rasen, Gefühle melden sich, ich könnte fast schwindlig werden. Nur reagieren, nach außen hin, auf mein Gegenüber, kann ich nicht mehr. Und meine Verzweiflung darüber wächst, und der Teufelskreis beschleunigt sich. Was hilft?

Ich weiß es nicht, aber – eingedenk der *Regel Nr. drei* – habe ich einiges ausprobiert, einiges anderen vorgeschlagen, und ich möchte Ihnen hier eine andere Idee vorstellen, über die schon viele geschmunzelt haben.

Mein Rat in solchen Situationen besteht in der schlichten Aufforderung: „*Geh pinkeln!*"

Sind Sie stutzig geworden? Ungläubig? Skeptisch? Wunderbar, denn dann scheint diese Idee tatsächlich auf etwas zu verweisen, was *anders* ist, und darum geht es mir. Aber wieso gerade pinkeln gehen?

Nun, ich habe diese Idee öfters propagiert, mehrmals ausprobiert, und es haben sich folgende nützliche Aspekte ergeben – nützlich natürlich nur für diejenigen, für die dies nützlich war. Wie das bei Ihnen sein wird? Wenn es Sie *wirklich* interessiert, dann könnten Sie es einmal *ausprobieren* …

Die Idee hinter diesem Rat ist simpel: Sie stecken in einer Situation fest, fühlen sich unwohl, handlungsunfähig und möchten am liebsten verschwinden, gleichsam im Erdboden versinken – allerdings ohne Ihr Gesicht zu verlieren. Nach langem Überlegen kam die Idee, dass es in *jeder* Situation eine unbezweifelbare Legitimation gibt, die Situation zu verlassen – nämlich die Toilette aufzusuchen. Das mag von Ihrem Gegenüber angezweifelt werden, aber jeder wird Ihnen zugestehen, nicht in die Hose zu machen. Und vor allem – Sie verlassen den Raum, verlassen die Situation … und bekommen von möglichen Spekulationen der anderen gar nichts mit.

Und – in meinen Augen besonders wichtig – Sie werden aktiv, Sie können etwas *tun*. Damit unterbrechen Sie das Gespräch, verlassen die Situation, in der Sie feststecken und haben – auf der Toilette – Zeit für sich selber. Sie könnten, wenn Sie wollten, dabei einen Blick in den Spiegel werfen und sich selber beglückwünschen, *dass* Sie diese belastende Situation erst einmal verlassen haben …

Dann – nach einer Zeit der Ruhe – gehen Sie zurück. Ich denke, es könnte nützlich sein, beim Wiederbetreten des Raumes zu bemerken, dass Ihr Gegenüber *sitzt* und Sie ihm oder ihr einfach dadurch, dass Sie *stehen*, HAUSHOCH überlegen sind, *zumindest für einen kurzen Moment*.

Jetzt können Sie das tun, wonach Ihnen ist – Sie können das feststeckende Gespräch fortsetzen, Sie können ein ganz anderes Thema beginnen, indem Sie sagen, was Ihnen gerade beim Gang auf die Toilette eingefallen ist – Sie haben Möglichkeiten. Sie können natürlich auch mit dem Ausdruck höchster Erleichterung wieder Platz nehmen und einfach über Ihren gelungenen Schachzug lächeln … und denken Sie daran, Sie können auch jetzt auf jeden Versuch Ihres Gegenübers, Sie wieder schachmatt zu setzen, mit einem freundlichen *„Ja ... und?"* antworten.

Einige der Personen, die das ausprobiert haben, haben noch eine zusätzliche Möglichkeit für sich gefunden: Wenn sie das alles gemacht haben, sind sie oft noch einmal hinausgegangen und haben sich – teilweise vor dem Spiegel – auf die Schulter geklopft, wie toll sie es geschafft haben, in dieser belastenden und einengenden Situation *etwas zu tun ...*

Und vielleicht, wenn Sie das einmal ausprobieren sollten und sich loben, dass Sie es geschafft haben, dann könnten Sie vielleicht auch lächeln, wenn Sie bedenken, dass es die anderen waren, die Sie dazu gebracht haben, dass Sie so gut für sich selber sorgen.

Kapitel 3
Warum *müssen,* wenn's auch *können* sein könnte?

Gut gemeinte Ratschläge und Tipps – auch und gerade in Selbsthilfebüchern – haben oft eine ganz bestimmte und überaus charakteristische Sprachform: Sie sind eindringlich, vorschreibend, festschreibend, einengend, und ihnen ist nicht zu widersprechen. Die Formulierungen lauten meist: „Mach das so …" oder „Du musst …"

Halten Sie einen Moment inne, und geben Sie sich selber eine Anweisung oder Aufforderung in dieser Form, z. B.: *Du musst ein bisschen freundlicher sein.*

Was jetzt? Jetzt haben Sie *gar keine Wahl* mehr – Sie *müssen.* Und Sie müssen etwas, was Sie *bisher* nur *unzureichend* geschafft haben.

Wenn ich mir selber einen solchen Rat gebe, dann fühle ich mich immer sogleich unter Druck – zum einen weiß ich, was ich tun müsste, zum anderen weiß ich, dass ich es bisher nicht geschafft habe, und zum dritten erlebe ich dann immer und immer wieder, dass ich genau merke, dass ich meinem eigenen guten Rat nicht folge. Anders gesagt – sobald ich mich mit *Ich muss* auffordere, fällt mir auf, wann ich genau dies *wieder nicht* geschafft habe. Sie erinnern sich an den Begriff der Problemtrance … (s. S. 11 f.). Und ein Nebeneffekt, der bei mir auftritt: Ich mache mir Vorwürfe, gebe mir die Schuld, halte mich für unfähig. Mit anderen Worten: Ich mache mich selbst klein. Und wenn ich schon klein bin, weil es mir nicht so gut geht, dann mache ich mich auf genau diese Art noch kleiner, noch hilfloser, noch unfertiger, und es geht mir einfach noch schlechter.

Wie das kommt, möchten Sie wissen? Ich weiß es nicht, ich habe allerdings meine eigene Erklärung dazu gefunden, und die leuchtet mir sehr ein. Sie merken schon: eine Erklärung, die *mir* hilfreich und nützlich ist.

Jede Aufforderung, die meine Möglichkeiten einengt und mich verpflichtet, *nur* das zu tun, was ich bisher noch nicht konnte, engt meinen ganz persönlichen Spielraum ein. „Es" wird von mir erwartet, *dass* ich der Aufforderung folgen kann und folgen werde – ganz egal in welchem Zustand ich bin.

Kennen Sie Prüfungsangst? Vermutlich, ich kenne sie auch, wie wohl die meisten von uns. Sprechen Sie mit jemand anderem darüber, so wird der oder die sogleich versuchen, sie Ihnen auszureden. „Wie lange hast du gelernt?", „Das Schwerste ist XYZ, und du hast gerade gezeigt, dass du das weißt!", „Jeder ist aufgeregt, du musst das nicht sein, du hast doch gelernt" – und was es der vielen guten Ratschläge noch alles gibt. Allen ist gemeinsam, dass sie Sie auffordern, keine Angst haben zu *müssen*, ein meist todsicheres Mittel, die Angst zu vergrößern. Wenn mich schon niemand versteht, dann ist wirklich was an meiner Angst dran; oder bin ich schon so durcheinander, dass ich mich selbst verrückt mache? Dann stimmt wirklich was nicht mit mir. Und dann ist es wirklich kein Wunder …

Und meist schaffen solche *Muss*-Vorschriften noch etwas – sie schaffen es oft, dass Sie mit sich selber viel härter umspringen, sich selber gegenüber viel unnachgiebiger werden, weil Sie doch *eigentlich* das andere machen *müssten*.

Diese Gespräche, die wir mit uns selbst führen, werden dann viel fordernder und immer weniger wertschätzend uns selbst gegenüber – ich mache mir Vorwürfe, weil ich schon wieder nicht das gemacht habe, was ich hätte machen *müssen*.

Was mich an diesen gut gemeinten Rat*schlägen* tatsächlich an Schläge erinnert, sind genau diese vorwurfsvollen Teufelskreise, die durch sie in Gang gesetzt werden *können* und die es mir nur immer schwerer machen, aus ihnen auszubrechen.

Sage ich „*Ich muss*", dann habe ich keine Wahl. Deshalb rate ich in solchen Situationen davon ab, zu *müssen*, sondern ermuntere zu *können*. Warum *müssen*, wenn *können* auch reichen könnte? Und vor allem – „*Will ich?*"

Ich sage mir inzwischen – nicht immer, aber immer öfter –, dass ich nicht muss: Ich kann, ich kann sogar müssen, aber ich muss nicht müssen. Mir hilft diese Vorstellung, zumindest ein klein wenig meine Handlungsfreiheit wieder zu finden, denn ich muss nicht mehr – ich kann, wenn ich will. Anders gesagt: Ich habe mir Möglichkeiten erschaffen, mich zu entscheiden.

Natürlich, Entscheidungen ziehen *Folgen* nach sich. Wenn ich ein Haus kaufe und dazu eine Hypothek aufnehme, dann habe ich keine andere Wahl, als die Hypothekenzinsen zu zahlen oder das Haus wieder loszuwerden. Wenn ich mich schlecht fühle und mich in mein stilles Kämmerlein zurückziehe, dann habe ich entschieden, es anderen schwerer zu machen, mit mir Kontakt aufzunehmen.

Genau diese Idee hat es mir – zugegeben: *manchmal* – leichter gemacht, einen anderen Kurs einzuschlagen. Natürlich kann ich nicht beliebig entscheiden, bin nicht frei, alles zu tun, was ich möchte. Dazu fehlen mir einfach der Rahmen und die Voraussetzungen. Ich kann allerdings immer besser erkennen, dass ich an Entscheidungen beteiligt bin. Und manchmal merke ich, dass ich mit meiner Entscheidung ganz zufrieden bin, dass das Problem sehr oft in den Folgen meiner Entscheidung besteht, und diese Folgen sind es, die ich nicht gerne habe.

> Es geht mir schlecht, und ich möchte mich zurückziehen. Zugleich möchte ich aber auch die Gesellschaft von anderen. Ziehe ich mich zurück, kommt niemand von den anderen und leistet mir Gesellschaft, und es geht mir schlechter.

Begebe ich mich in die Gesellschaft der anderen, dann ziehe ich mich nicht zurück, tue etwas, was ich nicht will und was mir nicht gut bekommt, und es geht mir schlechter.

Sie kennen sicher selber viele solcher Beispiele, so dass ich hier gar keine weiteren zu nennen brauche.

Mir hat es geholfen, ein wenig zu sehen, dass ich an den Entscheidungen und den Folgen zumindest *mit*beteiligt bin und dass ich diesen *kleinen* Einfluss *manchmal* nutzen kann.

Ich möchte Sie noch auf ein anderes Wort aufmerksam machen, das jedenfalls mir das Leben manchmal schwerer gemacht hat – es ist dieses unscheinbare und oft benutzte Wörtchen *eigentlich*.

Wie geht's?
Danke. Eigentlich sehr gut.

Was, bitte schön, heißt das? Geht's nun gut oder nicht? Eigentlich ja, lautet die Antwort, und das, so verstehe ich es, stellt allzu oft nur eine Umschreibung für „schlecht" dar.

„Er ist eigentlich ein netter Kerl" heißt doch im Grunde nichts anderes, als dass er ein ganz schön unmöglicher Kerl ist. „Eigentlich nett, aber …"

Manchmal rede ich auch so mit mir selber: „Worüber beklage ich mich eigentlich? Eigentlich habe ich doch gar keinen Grund. Eigentlich sollte ich doch froh sein, dass es mir eigentlich so gut geht …"

Sie merken sicher schon, was mich bewegt – eigentlich ist es für mich der Versuch, mich selber ein wenig zu behumpsen, mir selber nicht in die Augen zu sehen, obwohl ich im Grunde weiß, dass ich es anders sehe. Und genau deshalb, denke ich, kann (*muss* aber nicht!) das Wörtchen „eigentlich" so einen verheerenden Einfluss ausüben – es könnte mich dazu ermuntern, mir selber etwas vorzumachen, so zu tun, als ob, denn ... eigentlich ...

Kapitel 4
Angst – eine unbekannte Hilfe

Erstaunt? Darüber, dass ich Angst als Hilfe betrachte? Das kann ich gut verstehen. Das ging mir selbst auch lange Zeit so, und inzwischen habe ich *auch* die Idee, dass Angst durchaus eine *Hilfe* sein *könnte*.

Im Alltag, das wissen wir alle, hat ein gewisses Maß an Angst durchaus positive Funktionen und Aufgaben: Sie hilft uns, Risiken zu erkennen, Gefahren manchmal gleichsam zu wittern und anderes Ungemach von uns fern zu halten. Anders gesagt: Angst ist durchaus ein Signal, das uns hilft, bestimmte Dinge zu beachten und in ihrer möglicherweise schädigenden Auswirkung zu beachten. Angst macht, so gesehen, *auch* wach, aufmerksam und nachdenklich. Nicht nur, nicht immer, aber *auch*.

Nur manchmal, manchmal wird die Angst einfach zu viel und lähmt mich, nimmt zu viel Platz in meinem Denken ein, beherrscht es so weit, dass ich mich gar nicht traue, bestimmte Dinge zu tun – und das, obwohl mir mein Verstand, wenn ich gründlich und rational darüber nachdenke, signalisiert: „Eigentlich [Nachtigall, ick hör dir trapsen ...] brauchst du die Angst gar nicht zu haben" – ich habe sie trotzdem.

Jetzt tritt oft das ein, was Fachleute die „Angst vor der Angst" nennen. Ich habe nicht nur Angst, sondern ich habe Angst davor, dass ich Angst kriegen könnte, dass die Angst kommt – und dann, dann bin ich wieder wie gelähmt. Das ist oft genau der Punkt, wo Fachleute dazu ermuntern, die angstauslösenden Situationen aufzusuchen, um zu erleben, dass die Situation gar nicht so verläuft, wie ich es in meiner Angst befürchte. Gut und schön, aber ich traue mich nicht, habe Angst davor – selbst davor ...

Sie merken schon, was jetzt ganz leicht noch passieren könnte: Ich beginne mit den Vorwürfen an mich selbst, und dann wird meist alles noch schlimmer.

Ich habe mir inzwischen angewöhnt, eine andere Geschichte der Angst zu erzählen, die manchmal und zuerst merkwürdig scheinen mag, die *mir* inzwischen öfters hilfreich und nützlich war – *mir*. Die möchte ich Ihnen hier auch erzählen.

Ich denke, dass Angst eine sehr gute Partnerin sein könnte, eine Unterstützerin, eine Helferin, die im Grunde auf meiner Seite ist, auch wenn dies auf den ersten Blick gar nicht so auszusehen scheint. Sie ist, so denke ich, meine beste Bündnispartnerin, sie will mein Bestes. Wieso? Ja, einfach weil sie in bestimmten Situationen da ist, auftaucht und weil ich dann denke, dass sie mich auf etwas aufmerksam machen möchte, worauf ich mich vielleicht nicht so gerne aufmerksam machen lassen möchte – etwa auf eine Frage, die ich mir lieber nicht stellen möchte. Oder auf eine Situation, die ich – aus welchen Gründen auch immer – lieber vermeiden möchte. Auf jeden Fall auf etwas so Wichtiges, dass sie kommt, dass die Angst mich mit allem Nachdruck darauf hinweist. Und je weniger ich davon wissen will, um so stärker tritt sie auf; denn schließlich möchte die Angst mir dabei helfen, gerade dieses Wichtige zu beachten und überhaupt erst einmal zur Kenntnis zu nehmen. So jedenfalls ist sie *mir* hilfreich.

Zu unklar? Gut, dann komme ich auf das Beispiel aus dem letzten Kapitel zurück – Prüfungsangst.

Einmal könnte es die Möglichkeit geben, dass *ich selber weiß*, dass ich nicht genug gelernt habe – nur soll das niemand merken, und deshalb darf ich nicht durchfallen. Durchfallen ist aber eher wahrscheinlich, weil ich zu wenig gelernt habe. Klar? Nein? Gut – die Angst, so könnte ich sagen, macht mich darauf aufmerksam, dass ich dabei bin, mich selber zu behumpsen und zu betrügen, und ich nicht möchte, dass dieses aufgedeckt wird oder dass meine Faulheit bekannt wird. Und die Angst, so könnte ich sagen, würde mir zeigen, dass sie möchte, dass ich nicht auf diese Weise mit mir umgehe; ich müsse mich entscheiden, entscheiden, ob ich bereit bin, die *Folgen* meiner Entscheidung (nämlich nicht zu lernen) zu tragen.

Gut, das scheint relativ klar, mir zumindest. Was aber, wenn ich genügend gelernt habe? Und

Angst vor der Prüfung habe? Wie sollte Angst da auf meiner Seite sein, wo ich doch wirklich alles getan habe, um die Prüfung zu bestehen? Dann, so denke ich, könnte die Angst mir helfen, mir darüber klar(er) zu werden, was mich behindert, was irgendwo in meinem Innern arbeitet und mich einschränkt. Was wäre denn das Schlimmste, was passieren würde, wenn ich die Prüfung nicht bestehe? Wie sicher bin ich mir denn, dass ich das, was nach der Prüfung kommt, auch wirklich will? Wieso schafft es die Prüfung, mir so viel Angst einzujagen? Wie erkläre ich mir, dass ich daran zweifle, in der Prüfung all mein Wissen auch parat zu haben?

Fragen, Fragen, Fragen – und mir haben solche Fragen meist sehr geholfen. Mir! Und Ihnen? Was würde denn Ihre Prüfungsangst mit einem Schlag zum Verschwinden bringen? Und wieso? Was würde dann mit Ihnen geschehen? Noch mehr Fragen …

Nun ja, das mag ja alles irgendwie angehen, aber was, wenn ich einfach riesengroße Angst habe, nicht mehr aus dem Haus gehen mag, meinen Alltag nicht mehr bewältige, weil mich die Angst von allem abhält? Nun ja, die Frage sei gestattet, ob Sie der Meinung sind, dass Sie diese Angst ohne fremde, ohne fachkundige Hilfe glauben bewältigen zu können – denn es geht mir mit diesem Buch um *Selbsthilfe*, so dass Sie entscheiden müssen (ja: müssen; natürlich können Sie es auch bleiben lassen …), ob Sie denken, Ihre Angst in Selbsthilfe bewältigen zu können.

Egal, worauf sich Ihre Angst bezieht, ich würde Sie gerne ermuntern, Ihre Angst ernst zu nehmen, zu respektieren und zu akzeptieren, auch wenn andere (und manchmal vielleicht sogar Sie selber) Ihnen einzureden versuchen, dass Ihre Angst völlig unbegründet sei. Ich sage dann immer: „Über Gefühle lässt sich nicht streiten!" Wenn Sie ein Gefühl haben, wenn Sie lieben oder wenn Sie Angst haben, dann haben Sie das Gefühl, und da es ein Gefühl ist, lässt es sich eben nicht einfach begründen. Es lässt sich wohl aus bestimmten Verhaltensweisen, die Sie zeigen, erschließen, aber ein Gefühl lässt sich eben einfach nie direkt beobachten. Deshalb ermuntere ich dazu, zu dem Gefühl zu stehen.

Das heißt nun nicht, mein Verhalten einfach damit zu begründen, dass ich das Gefühl habe. Das wäre letztlich, denke ich, kaum etwas anderes, als immer eine Entschuldigung parat zu haben.

Wenn ich an diesem Punkt ankomme, dann ist bei mir schon immer etwas Interessantes geschehen – ich spreche zu und mit meiner Angst. Ich rede über sie, manchmal zu ihr, manchmal gegen sie. Immer erscheint es dann so, als gebe es außer der Angst noch mehr – zumindest mich, der ich mit der Angst rede. Und dann fange ich manchmal schon an, der Angst zuzuhören, frage sogar nach, was sie mir sagen möchte, wenn ich sie nicht verstanden habe. Und dann frage ich mich, wie ich gerne auf das, was die Angst mir erzählt, antworten würde.

Sie haben jetzt sicher gemerkt, dass es außer der Angst und dem Ich oder Mich noch jemanden geben muss, der mitredet – derjenige, der beobachtet oder manchmal auch das Gespräch leitet. Wir – wer immer das genau sein mag – werden immer mehr, immer mehr Stimmen sind zu hören. Im Grunde reden „meine Stimmen" dauernd, nur höre ich nicht immer zu. Und jetzt, an diesem Punkt, fällt es mir oft leichter, meine Angst zu fragen, was sie denn genau von mir möchte, worauf sie mich hinweisen möchte, was ihr so wichtig ist, dass sie sich so sehr in den Vordergrund stellt.

Das sind alles Fragen, die ich mir stelle, und wenn *Sie* sich diese Fragen stellen, kann *ich* Ihnen diese natürlich nicht beantworten. Das können nur Sie selber oder eine Ihrer Stimmen. Aber Sie wissen vermutlich aus eigener Erfahrung nur allzu gut, dass Sie nur dann etwas hören können, wenn Sie auch hinhören. Und die Angst – das ist meine Erfahrung – spricht um so lauter, je weniger ich zuhören möchte. Für mich ist Angst daher auch immer ein wenig „Schwerhörigkeit" – schwer auf die eigene Stimme zu hören.

Ich frage daher manchmal meine Angst schon sehr rasch: „Was möchtest du mir sagen?", „Worauf möchtest du mich aufmerksam machen?", „Was denkst du, was will ich nicht sehen oder mich nicht fragen?", „Welche wichtige Frage übergehe ich deiner Meinung nach?"

Antworten fallen mir oft nicht leicht, allerdings merke ich, dass sich meine Angst durch mein Zuhören und Fragen verändert. Ich habe nicht mehr solche Angst vor der Angst. Im Grunde, denke ich, habe ich *meine Beziehung zu meiner Angst* verändert. Ich respektiere und schätze sie – und erst wenn ich etwas schätzen kann, fällt es mir leichter, mich davon zu verabschieden. Das kennen Sie vielleicht selber: Wenn Beziehungen auseinander gehen, ist ein respektvoller Umgang miteinander meist dann möglich, wenn sich beide PartnerInnen in dem, was sie früher gemeinsam machten, wertschätzen können. Der spätere Streit wird oft dann heftig, wenn diese Anerkennung fehlt – und das, denke ich, könnte auch für die Angst gelten.

Auch wenn ich nicht immer herausfinde, was *genau* meine Angst mir sagen wollte, ich weiß ihren *Einsatz für mich* und ihre *Sorge um mich* zu schätzen. Und sie macht mir – das will ich nicht verhehlen – oft das Leben schwer, sie fordert mich nämlich immer wieder auf (oder heraus?), mir selber gegenüber ehrlich zu sein, zu werden und zu bleiben. Und das, denke ich, ist *ein hartes Stück Arbeit*, zumindest für mich. Und das *könnte mir manchmal sogar Angst machen* …

Kapitel 5
Auf immer und ewig

Kennen Sie das auch – dieses leichte Unwohlsein? Kopfschmerzen, die Nase ist verstopft, der Hals kratzt gewaltig, und heiß, unglaublich heiß ist mir? Das Ganze nimmt zu, ich fühle mich schlapp, alles schmerzt, und ich habe das Gefühl … wie kann das angehen, das ist ja furchtbar, unglaublich, so schlecht geht es mir. Ich kenne noch einige andere Krankheiten – Magenverstimmungen mit Fieber und Brechreiz zum Beispiel –, wo ich mir sehr rasch nicht mehr vorstellen kann, es könnte mir irgendwann einmal wieder besser gehen oder es könnte mir früher besser gegangen sein. Ausweglos, hoffnungslos … Glücklicherweise sind das meist Krankheiten, die nur ein paar Tage dauern, dann geht es mir wieder besser, manchmal sogar gut, und dann kann ich mir kaum noch vorstellen, wie schlecht es mir ergangen ist, dass ich gar keine Hoffnung mehr hatte.

Ein ähnliches Gefühl taucht auf, wenn es mir „irgendwie psychisch" schlecht geht – nur habe ich dann zumeist nicht einmal irgendwelche körperlichen Beschwerden, auf die ich mich beziehen kann. Es geht mir ganz einfach schlecht, ich weiß nicht warum, und ich weiß auch nicht, wie ich da je wieder herauskommen soll, kann und werde …

Geht es mir dann wieder besser, kann ich im Nachhinein feststellen, dass offenbar die Zeit für mich stehengeblieben war: „… auf immer und ewig."

Das kennen Sie wahrscheinlich auch – wenn es schlecht läuft, dann immer und ununterbrochen, und wenn ich in dieser Situation drin bin, fällt es mir schwer, Unterschiede zu erkennen, kleine Unterschiede … Sie erinnern sich? An die *drei goldenen Regeln*?

Ja, das schon, aber das hilft doch nicht, wenn es mir schlecht geht, wenn ich keinen Ausweg sehe, wenn ich nichts Gutes mehr erkennen kann, wenn die Zeit verschmilzt zu einem „Auf immer und ewig", oder? Sind Sie neugierig, eine Geschichte zu hören? Gut, ich erzähle sie Ihnen.

Wenn es mir schlecht geht, ich da heraus möchte, nicht erkennen kann, wie das gehen sollte, dann habe ich zumindest eine Idee davon, wie es sein sollte oder sein könnte. Ich erfahre etwas über meine Wünsche. Meist, so geht es mir jedenfalls, haben die etwas mit meinen Beziehungen zu anderen Menschen zu tun, irgendwie und irgendetwas …

Mir geht es schlecht, ich leide – und ich merke das. Was, wenn ich noch mehr leiden würde, es mir noch schlechter gehen lassen würde? Nicht richtig und wahrhaftig, sondern *so tun, als ob*?

Wenn ich noch mehr leiden und jammern würde, so tun würde, als ginge es mir noch viel schlechter … Was würde ich mir dann von den anderen wünschen? Mehr Sorge, mehr Betütteln, wie man hier bei uns im Norden zu sagen pflegt? Oder etwas ganz anderes?

Ich habe das schon manchmal ausprobiert. Das hat mein Leiden nicht genommen, aber es hat dem Leiden einige kleine angenehme Seiten hinzugefügt – es ging mir ja nicht ganz so schlecht, wie ich tat. Ich konnte einfach gut simulieren.

Sie meinen, das sei doch ein übler Trick? Ja, vielleicht haben Sie Recht. Ich habe den Trick auf mich selber angewendet und für mich einige verblüffende Wirkungen verspürt.

Zunächst einmal einfach die zu merken, dass es mir noch schlechter hätte gehen können. Dann die, dass ich bestimmte Dinge *tue*, wenn es mir schlechter gehen würde, ich bin *aktiv* geworden. Das hat mir oft geholfen, weil ich mich dann manchmal schon gefragt habe, was ich tun würde, wenn es mir besser ginge. Das war dann oft ein kurzer Halt, ein kurzer Stopp, eine kurze Unterbrechung meiner schlechten Stimmung. Eine kurze … Sie erinnern sich an die *goldenen Regeln*? Besonders an *Regel Nr. zwei*? Also, könnte ich, vielleicht, manchmal, mehr davon machen … aber es geht nicht … die nächste kleine Unterbrechung.

Und noch etwas habe ich oft erlebt: Es war oft anstrengend für mich, so zu tun, als ginge es mir schlechter, als es mir tatsächlich ging. Dann brauchte ich ab und zu eine kleine Erholungspause, um mich vom So-tun-als-ob zu erholen. Ja, Sie haben ganz richtig gelesen – eine *Erholungspause* ...

Alles dies waren für mich *manchmal* kleine Unterschiede, die ich erkennen konnte, die mir zeigten, dass es nicht auf immer und ewig war, sondern dass immer und ewig irgendwie für mich wichtig war – so tun, als ob.

Was mich an diesen Ideen so fasziniert hat, war die Vorstellung, dass ich irgendwie Einfluss auf meine Befindlichkeit nehmen könnte, einfach dadurch, dass ich *etwas tat*. Ich konnte meine Leidensfähigkeit verbessern, frei nach dem veränderten Motto: „Lerne zu klagen, ohne (zu sehr) zu leiden."

Geholfen hat mir dann, dass ich hinterher darüber gesprochen habe. Ich habe meine Tricks aufgedeckt und mich für die Unterstützung meiner Mitmenschen ganz herzlich *bedankt*; sie haben mir sehr geholfen. Und beim nächsten Mal, wenn ich diesen Trick wieder angewendet habe, hörte ich schon manchmal: „Ah ja, geht's dir so schlecht, oder tust du nur so?", und dann huschte oft ein kleines Lächeln über mein Gesicht, und es fiel mir leichter, um das zu bitten, was mir half – Sorge, Fürsorge, Gespräch, Mitleiden oder einfach in Ruhe gelassen zu werden.

Später konnte ich dann immer gut darüber reden, dass Zeit doch nicht immer gleich ist, und wenn ich darüber nachdachte, so hatte ich gute Erinnerungen, Erinnerungen, die dann manchmal beim nächsten Mal halfen.

Das war eine Geschichte. Ich könnte noch mehr erzählen, wie etwa diese:

Es geht mir schlecht, es scheint immer so zu sein, die Zeit scheint wieder stillzustehen. Dann habe ich manchmal angefangen, mit mir zu sprechen, mit meinen schlimmen Gedanken, mit meinem schlechten Gewissen, mit meinen Wünschen, mit den Teilen meines Körpers, die irgendwie schmerzten. Ich habe einfach dagelegen und zugehört. Und dann habe ich – natürlich – auch mit mir selber geredet und mich gefragt, ob ich schon verrückt geworden bin, wenn ich solche Gespräche mit mir selbst führe …

Passiert war dann immer ganz einfach, dass ich *anders* litt – eine Veränderung war eingetreten, die Erfahrung, dass die Zeit doch nicht immer einfach stillsteht.

Als wir noch eine große Standuhr hatten, die jede halbe und jede volle Stunde mit lauten, melodischen Tönen ankündigte, habe ich mich manchmal in meiner Verzweiflung gefragt, wieso sich nichts ändert, wieso es immer so schlimm ist, und dann auf den nächsten Schlag der Uhr gewartet, um zu sehen, ob sich etwas bei mir verändert hat. Mir wurde dann oft klar, dass ich gewartet hatte, gewartet auf eine Änderung – und das war schon etwas anderes …

Ja, ja, werden Sie vielleicht sagen, der hat gut reden! Das funktioniert sowieso nicht bei mir. Und im Übrigen – das hat er doch selber geschrieben – muss ich dann nicht schon imstande sein, über mich selber nachzudenken, und das geht überhaupt nicht. Ich glaube, da haben Sie Recht … da fällt mir noch eine Geschichte ein.

Wenn es mir so schlecht geht, dass ich auf keinen anderen Gedanken komme, dann hilft ja nichts mehr – die Gedanken kreisen, meist immer um dasselbe. Da war es sehr hilfreich, dass meine Kinder auch manchmal krank waren, litten und Unterstützung brauchten. Ihnen half oft, dass einfach jemand da war oder dass ihnen jemand etwas vorlas oder vorsang … und das habe ich dann auch für mich genutzt.

Ich habe mir jemanden gewünscht, der mir etwas vorlesen sollte. Das tat mir aus mindestens zwei Gründen gut: Zum einen war jemand da, was ich selbst im Halbschlaf durch die Stimme mitbekam. Zum anderen störte jemand meine kreisenden Gedanken – einfach dadurch, dass er oder sie sprach. Ich merkte, wie beruhigend das war – für mich, manchmal … doch das ist schon eine andere Geschichte, die ich gleich erzählen möchte.

Wenn Sie denken: Naja, der erzählt Geschichten, damit kann ich nichts anfangen, bei mir ist das hoffnungs- und auswegslos, dann sollten Sie es auch nicht machen, denn Sie wissen am besten, was Ihnen nützlich sein kann. In diesen Situationen, wo alles hoffnungs- und auswegslos erscheint, würde ich Sie an die *goldene Regel Nr. drei* erinnern – und etwas ander(e)s könnte sein, eine Münze zu werfen, die Ihnen die Entscheidung abnimmt: Adler – es ist alles einfach ohne Sinn und ohne Hoffnung; Zahl: Sie tun so, als ob … aber, wie gesagt, das würden dann nicht Sie entscheiden, sondern die Münze.

Kapitel 6
Manchmal ja, manchmal nein, aber nicht immer

Über *Zeit* habe ich Ihnen gerade etwas erzählt. Für mich gäbe es da noch eine ganze Menge mehr zu erzählen, also fange ich doch einfach einmal an.

Ein Kollege, Jay Efran, hat vor einigen Jahren gemeint, dass viele KlientInnen oft in dem Glauben handeln, das Leben hätte ihnen bestimmte Versprechungen gemacht, die nun nicht erfüllt werden. Diese Haltung – etwas Besonderes mit besonderen Ansprüchen zu sein – hindert meist daran, (Selbst-)Verantwortung zu übernehmen und (Selbst-)Zufriedenheit zu erreichen.

Was könnte das für mich bedeuten?

Nun, vor allem die Vorstellung, dass ich das bekommen muss, was ich erwarte, weil ich glaube, dass ich ein Anrecht darauf habe.

Das hat bei mir in der Vergangenheit fast nie funktioniert. Was mir dabei allerdings klar geworden ist – und das hat Jay Efran wunderbar formuliert –, ist meine *Anspruchshaltung*: Es *muss* bei mir immer besonders sein. Sie haben das Wörtchen *muss* sicher bemerkt. Klar, was dann passierte: Ich bemerkte immer wieder und immer nur den Abstand, ich stellte dauernd fest, dass es mir eben nicht so gut ging, wie es mir hätte gehen *müssen*. Denn darauf hatte ich schließlich Anspruch.

Mir fiel das an einem Sonntagmorgen sehr deutlich auf, ich hatte in Ruhe gefrühstückt, dabei schöne Musik gehört und ein Buch gelesen, das mich fesselte. Die Kinder schliefen, und ich konnte eine Zeit lang schalten und walten, wie es mir gefiel. Als ich meine Kaffeetasse zum Abwasch stellte, stand ich auch noch mitten im warmen Schein der aufsteigenden Sonne. Ich fühlte mich pudelwohl. Und *sagte* mir das auch.

Das war rasch vorbei, als sich der Alltag meldete, selbst an einem solchen Sonntag – Kinder versorgen, Gartenarbeit, kleine Reparaturen in der Wohnung, Auseinandersetzungen mit der Krankenkasse, Streit mit Freunden, es kam einfach alles zusammen und brach über mich herein. Es ging mir schlecht, furchtbar schlecht. Der schöne Morgen war vergessen.

Als ich am nächsten Morgen – auch noch ein Montag! – früh hoch musste, stand es um meine Laune immer noch nicht gut. Als die Sonne aufging, erinnerte ich mich an den vorausgegangenen Tag, und mir fiel ein, dass es mir gestern morgen einfach verdammt gut gegangen war. Wo war das geblieben?

Jahre später, in einem längeren Briefwechsel mit einer Kollegin (eigentlich kein Briefwechsel, sondern eine E-Mail-Korrespondenz) ging es genau um diesen Punkt – wie schlecht das Leben es doch mit uns meint, obwohl wir einfach Besseres verdienen und uns auch so sehr wünschen. Da erinnerte ich mich an viele solcher kleinen Begebenheiten wie dem besagten Sonntagmorgen und konnte es für mich zum ersten Mal auch in Worte fassen:

> Das Leben ist manchmal wunderbar, aber nicht immer.
>
> Das Leben ist manchmal schrecklich, aber nicht immer.

Mein jüngster Sohn hat die umgekehrte Version und verallgemeinert sie: „Ist das Leben nicht geil, Papa?" Und da hat er – verdammt noch mal – sehr Recht. Manchmal! Nicht immer!

Mir hat diese Idee einerseits sehr geholfen, andererseits war sie für mich sehr passend, weil ich mir kein Theater vorspielen musste. Ich konnte einfach alles das, was nicht gut war und ist, als solches bezeichnen. Ich konnte zugleich auch das zulassen, was dem entgegenstand, was gut lief, was mich erfreute. Beides war möglich – *manchmal, nicht immer*.

– Geht es mir schlecht, fühle ich mich unwohl, dann kann ich es jetzt mehr zulassen – es gehört einfach dazu, ist aber eben nicht immer da.
– Geht es mir gut, fühle ich mich wohl, dann kann ich das auch zulassen – es gehört einfach dazu, ist aber eben nicht immer da.

– Und weiß ich nicht so genau, ob es mir gut oder schlecht geht, dann kann ich das auch zulassen – es gehört einfach dazu, ist aber eben nicht immer da.

Was das bei mir bewirkt hat, kann ich vielleicht am besten mit dem Wort *bescheiden* beschreiben – mein Anspruch hat sich verändert. Ich bin (hoffentlich!) einerseits bescheidener geworden und kann andererseits offener auf all das schauen, was um mich herum passiert. Ich kann mich ärgern, richtig ärgern – manchmal, nicht immer. Ich merke dann, dass ich, wie man so sagt, einfach „Aktien drin habe": Ich kann zumindest ein bisschen Einfluss darauf nehmen, wie ich mich verhalte. Und das hat Auswirkungen auch auf mein Gefühl.

Ich weiß doch, was ich tue, wenn es mir schlecht geht. Und ich weiß, was ich täte, wenn es mir besser ginge. Und manchmal, nicht immer, gelingt es mir, das dann zu tun – und siehe da: Manchmal, aber nicht immer, verändert sich dann auch mein Gefühlszustand.

Das waren, wie gesagt, meine Geschichten. Mir haben diese Geschichten geholfen und genutzt, mein Befinden zu verändern. Ich sage immer noch nicht, dass das Leben schön sei oder ein Zuckerschlecken oder keine Probleme mit sich bringe. Ich sage das alles ein wenig anders.

Wenn ich Leute treffe, die sich beklagen, wie schrecklich ihr Leben sei, dass niemand sie möge, dass es ihnen einfach dreckig ginge, dann frage ich manchmal, nicht immer, erstaunt: „Oh, immer? Oder meistens? Oder manchmal?"

Und wenn sie dann sagen: „Immer!", dann frage ich manchmal: „Und wenn ich dir jetzt eine kleine Freude machen möchte, welche wäre jetzt am besten?" Sehr oft entsteht nun eine kleine Pause, ein Nachdenken, ich glaube darüber, ob es tatsächlich eine Freude geben kann …

Wie gesagt, mir hat diese Idee geholfen. Und dann merke ich, dass ich diese Idee so großartig finde, dass ich dazu neigen könnte, andere von der Großartigkeit dieser Idee zu überzeugen, dass ich anfangen könnte zu missionieren, dass ich denken könnte, ich hätte die für alle passende Idee gefunden, und dann merke ich – hoffentlich –, ich denke das manchmal, aber nicht immer …

Ich bin sicher, dass auch Sie Ihre Idee haben, die Ihnen hilft, weiterzumachen, nur könnte es schwer sein, diese Idee auch in Worte zu fassen. Bei mir hat es, wie gesagt, auch einige Jahre gedauert. Das ist eben so – manchmal, aber nicht immer …

Kapitel 7
Einsicht ist der erste Schritt ...
... dass alles so bleibt, wie es ist

Wenn etwas nicht funktioniert, so habe auch ich gelernt, geht es zuerst darum, die Störung genau zu erkennen – eine richtige Diagnose zu stellen –, um dann dieses Wissen zu nutzen, um die Störung zu beseitigen. Das funktioniert auch sehr oft – und ist dann auch hilfreich.

Am besten funktioniert das bei den so genannten trivialen Maschinen. Was das sind? Nun, das sind Dinge oder Sachen, die immer auf dieselbe Weise funktionieren: Ein Toaster toastet, eine Waschmaschine wäscht, ein Automotor läuft – und mehr kann eine triviale Maschine nicht; nur ist das eine ganze Menge und nicht zu unterschätzen. Eine triviale Maschine macht also immer dasselbe und nichts anderes: Ein Toaster kann nicht laufen, eine Waschmaschine kann nicht toasten, und ein Automotor kann nicht waschen.

Nur – und das scheinen wir alle manchmal zu vergessen – wir Menschen sind keine trivialen Maschinen. Wir funktionieren nicht immer auf dieselbe Weise, auch wenn ich mir das manchmal wünschen würde ...

Eltern wissen das nur allzu gut: Was bei dem einen Kind funktioniert, muss beim anderen nicht unbedingt auch eine (oder gar dieselbe) Wirkung zeigen. Menschen sind – so gesehen – nicht genau vorhersehbar.

Ich kenne das selber sehr gut, Sie vermutlich auch: Es gibt Tage, da kann mich (fast) nichts erschüttern, ich bin unerschütterlich gut gelaunt. Hänseleien oder Vorwürfe können mir meine Laune nicht verderben. Am nächsten Tag sieht das alles ganz anders aus: Schon ein schiefer Blick, den ich zu sehen *glaube*, wirft mich aus der Bahn ...

Und dann fange ich meist an, nach Ursachen zu suchen, herauszufinden, was genau es ist, das mich so aus der Bahn wirft. Ich habe inzwischen gelernt, dass ich den einzig wahren Grund wohl doch nie mit Sicherheit herausfinden kann. Denn wenn ich einen Grund gefunden habe – könnte es nicht vielleicht doch noch einen tiefer liegenden geben? Und darunter vielleicht noch einen tieferen? Wann kann ich mir sicher sein, tief und weit genug gegangen zu sein?

Ich habe für mich gelernt, dass es sinnvoll und nützlich sein kann, nach Gründen zu suchen, denn Gründe geben mir Erklärungen an die Hand und zeigen mir, dass ich nicht verrückt bin – schließlich gibt es ja einen guten Grund ... Ja, ich hoffe, Sie haben genau gelesen: Ich spreche von *guten* Gründen.

Und noch etwas habe ich gelernt – je mehr und je besser ich mich bei den Gründen auskenne, desto mehr weiß ich, wo, wann und wieso es *schief* gelaufen ist. Ich weiß (fast alles) über mein Schieflaufen – ich kann es beschreiben, erläutern, und ich kann es somit auch *entschuldigen*. Nur, wie ich es ändere, darüber weiß ich meist noch sehr wenig, sofern ich überhaupt etwas darüber weiß.

Deshalb denke ich, könnte es hilfreicher sein, nach *Ursachen für Änderungen* oder Lösungen zu suchen. Das wäre einerseits ein ganz neuer Wissensbereich, und ich hätte (jede Menge) Wissen, wie ich was anders machen könnte – wenn ich wollte.

Es gehört mittlerweile zum psychologischen Allgemeinwissen, dass viele Störungen ihre Ursache in der frühen Kindheit haben, in traumatischen Erlebnissen. Was nutzt mir dieses Wissen? Ich gewinne Einsichten, wie ich mir mein derzeitiges Verhalten erklären kann, ich lerne Zusammenhänge kennen – nur meine Kindheit, die kann ich nicht ändern. Ich kann allerdings mein Reden über meine Kindheit ändern, und damit ändert sich auch meine Kindheit, zumindest ein Stück weit. Der finnische Kollege Ben Furman hat sich darüber mit vielen Betroffenen unterhalten und deren Gedanken und Erklärungen beschrieben, wie diese Menschen es geschafft haben, trotz ihrer schlimmen Erfahrungen ein befriedigendes Leben zu führen. – *Es ist nie zu spät, eine glückliche Kindheit zu haben* …

Einsicht ist oft hilfreich, sie hilft mir zu verstehen und zu reden. Ich frage mich oft, ob Einsicht mir auch hilft, darüber hinaus zu ändern …

Ich stelle mir deshalb oft die Frage: „Wozu?" Wozu brauche ich Einsicht? Und wenn ich sie habe – was ist dann für mich anders? Mir hilft das, zwischen Verstehen, Erklären und Entschuldigen zu unterscheiden, manchmal, aber nicht immer. Und für mich ist das hilfreich, manchmal, aber nicht immer …

Kapitel 8
Jedem das Seine oder:
Nichts geht gegen die eigene Theorie

Ich möchte meine kleine Reise hier beenden – mit diesem kleinen Kapitel. Ich möchte noch einmal betonen, dass ich denke – bitte beachten Sie: Es ist einfach *meine* persönliche Überzeugung, dass Sie gar nichts ändern können, wenn Sie *gegen* Ihre eigene Theorie handeln.

Läuft etwas quer, geht es mir schlecht, dann versuche *ich* immer auch herauszufinden, woher das kommt. *Ich suche nach einer Erklärung, und zwar nach einer, die ich für mich passend finde.* Gut, wenn auch andere Menschen mir zustimmen, dann geht es mir gleich besser, denn ich habe Leute gefunden, die mich bzw. meine Idee unterstützen, ihr zustimmen. Pech, wenn die anderen alle eine andere Meinung haben …

Ich erinnere mich noch an meine Kindheit, an längere Spaziergänge über endlose, gepflasterte Bürgersteige. Um mir die Zeit zu vertreiben, spielte ich das Spiel „Nicht auf die Ritzen treten": Ich dachte mir etwas aus, was ich gerne geschehen lassen würde, etwas, das ich gut fände. Und wenn es mir gelänge, eine bestimmte Strecke zu gehen, ohne auf eine Ritze zu treten, dann würde das Gewünschte auch eintreten. Das war nicht ganz einfach, weil meine merkwürdige Art zu gehen nicht auffallen sollte, denn wenn andere es merkten, dann funktionierte der Zauber – natürlich! – nicht.

Meist funktionierte der Zauber sowieso nicht, das hinderte mich aber überhaupt nicht, weiter daran zu glauben. Ähnlich geht es mir heute noch mit Horoskopen – natürlich glaube ich nicht daran, natürlich nicht … nur ein kleines bisschen … besonders, wenn etwas Gutes drin steht …

Der Volksmund kennt viele solcher Geschichten – z. B. was geschieht, wenn man mit dem linken Bein zuerst aufsteht oder wenn man unter einer Leiter hindurchgeht oder wenn eine Tür von alleine aufspringt und man „Herein!" ruft oder wenn man ein Glas fallen lässt. Alles Humbug? Naja … im Grunde ja, aber … man kann ja nie wissen, also … vielleicht doch … ein wenig …?

Für mich steckt hinter diesen Aussagen ein gerüttelt Maß an Weisheit, das Wissen, dass wir alle über ganz bestimmte Theorien verfügen, die wir für wahr, für passend, für zutreffend halten – und wir sind keinesfalls bereit, diese Theorien über den Haufen zu werfen, ganz im Gegenteil: Wir finden viel leichter Erklärungen, weshalb es genau dieses Mal nicht entsprechend unserer Theorie passiert ist.

Dasselbe gilt, so meine feste Überzeugung, auch für unsere Theorien über uns selber. Wir entwerfen Theorien für das, was uns begegnet, was uns widerfährt, Gutes und Schlechtes, und diese Theorien leiten unser Handeln. Und – so *meine* (ich gestehe: felsenfeste) Überzeugung: Gegen eine solche Theorie lässt sich von außen überhaupt nichts ausrichten. Und das ist auch gut so, denke ich, denn meine Theorien über mich verleihen mir, so meine Überzeugung, immer auch ein gerüttelt Maß an Sicherheit.

Und wenn ich dann auf Leute treffe, die meine Theorie teilen, dann geht es mir meist gut, einfach deshalb, glaube ich, weil ich mich eher verstanden, ernst genommen, akzeptiert, wertgeschätzt und respektiert fühle. Treffe ich keine solchen Leute, dann fühle ich mich jedenfalls ziemlich isoliert, vereinsamt; mir kommen Gedanken, ob und inwieweit ich noch normal bin. Und wenn ich mit solchen Vorstellungen fremde Hilfe suche, dann wirkt diese, so habe ich gemerkt, dann am besten, wenn der- oder diejenige, bei dem/der ich diese Hilfe suche, meine Theorien zumindest ernst nimmt und respektiert.

Darum ging es mir in diesem kleinen Büchlein – um Theorien, das, was im Leben geschieht, aus verschiedenen Perspektiven zu beschreiben, aus unterschiedlichen Blickwinkeln zu betrachten – und zu schauen, ob es dabei irgendetwas geben könnte, was für Sie, den/die LeserIn, Sinn macht.

Wenn Sie denken, alles das, was Sie hier gelesen haben, ist für Sie nicht hilfreich, macht keinen Sinn, dann haben Sie viel über sich und Ihre

Theorie erfahren, denke ich – und das, so meine Überzeugung, kann sich nur positiv auswirken, denn Sie haben eine Vorstellung davon, was für Sie wichtig, gut und hilfreich ist.

Wenn Sie denken, alles das, was Sie hier gelesen haben, ist für Sie hilfreich, macht Sinn, dann haben Sie viel über sich und Ihre Theorie erfahren, denke ich – und das, so meine Überzeugung, kann sich nur positiv auswirken, denn Sie haben eine Vorstellung davon, was für Sie wichtig, gut und hilfreich ist.

Stutzen Sie? Ja – gut. Also, ich denke nämlich, Sie können nur gewinnen: entweder, indem Sie Ihre eigene Überzeugung festigen oder indem Sie andere Sichtweisen zulassen. Was Sie dann damit anfangen, das steht auf einem ganz anderen Blatt, denn warum sollten Sie das, was Sie wissen, auch unbedingt in Handeln umsetzen? Das wäre doch nur ein weiterer Lehrsatz, ein weiteres *Muss*; und ein Muss kann sich durchaus sehr nachteilig auswirken, denke ich. Deshalb schreibe ich einen Lehrsatz für das Leben auch eher so: Leersatz für das Leben.

Es gibt einen wunderschönen Popsong von Sting, *An Englishman in New York*. Ich will hier nicht den ganzen Inhalt wiedergeben, weil für mich besonders die letzte Zeile bedeutsam ist und eines der großen Geheimnisse beschreibt, die im Grunde gar keine sind:

Be yourself …

Also etwa:

Sei der, der du bist, oder sei die, die du bist …

Klar – gut gesagt, manchmal schwer getan. Nur:
Wie sollte es anders sein: Sie können machen, was
Sie wollen, Sie können lernen, so viel Sie wollen,
Sie können andere, von Ihnen Bewunderte nach-
ahmen, nachmachen – Sie bleiben *immer* Sie sel-
ber. Oder, um es ein wenig anders auszudrücken:
Was immer Sie tun, *Sie bleiben immer ein unver-
wechselbares Original.* Sie haben schlicht nicht das
Zeug zu einer Kopie – denn das würde bedeu-
ten, es gäbe Sie schon, und das trifft nicht zu – es
sei denn, Sie haben eine Theorie, dass Sie eine
Kopie sind …

Zurück zum Sting-Song, denn die Zeile hat
einen *Nachsatz,* und der zeigt mir, wie schwer es
sein kann, da gebe ich Ihnen Recht:

… no matter what they say …

Also:

… egal, was sie, die anderen, sagen …

Literatur

Berg, Insoo Kim u. Norman H. Reuss (1999): Lösungen – Schritt für Schritt. Handbuch zur Behandlung von Drogenmißbrauch. Dortmund (Modernes Lernen).

Efran, Jay S., Michael D. Lukens u. Robert J. Lukens (1992): Sprache, Struktur und Wandel. Bedeutungsrahmen der Psychotherapie. Dortmund (Modernes Lernen).

Furman, Ben (1999): Es ist nie zu spät, eine glückliche Kindheit zu haben. Dortmund (Borgmann).

Miller, Scott D. u. Insoo Kim Berg (1997): Die Wunder-Methode. Ein völlig neuer Ansatz bei Alkoholproblemen. Dortmund (Modernes Lernen).

Watzlawick, Paul (1983): Anleitung zum Unglücklichsein. München/Zürich (Piper).

...

Hargens, Jürgen u. Helen Zettler (2000): Relativ normal oder: Was mich noch nie an systemischer Therapie interessiert hat, ich aber immer schon einmal wissen wollte. Eine Entdeckungsreise in Bildern. (Zu bestellen bei: Jürgen Hargens, Norderweg 14, 24980 Meyn.)